MOTION

FAITE PAR M. L'ABBÉ

DE SAINT-MARTIN,

CONSEILLER AU CHÂTELET,

ET AUMONIER GÉNÉRAL

DE LA GARDE NATIONALE PARISIENNE;

A l'Assemblée des Représentans de la Commune de Paris, le 26 Février 1790, a l'effet d'engager MM. les Commandans de Bataillon à faire faire des instructions publiques aux Compagnies du centre pendant le Carême.

MOTION

FAITE

PAR M. L'ABBÉ DE SAINT-MARTIN,

CONSEILLER AU CHATELET,

ET AUMONIER GÉNÉRAL

DE LA GARDE NATIONALE PARISIENNE,

MESSIEURS,

JE viens suspendre un instant l'ordre de vos séances, pour fixer votre attention sur un objet digne de votre zele, & qui m'a paru mériter une approbation spéciale de votre part. Vous êtes, Messieurs, les administrateurs de la chose publique; & rien de ce qui peut intéresser les bonnes mœurs, le maintien de la discipline dans la garde nationale, & la religion sur-tout, cette base inébranlable de tous les principes sur lesquels repose le bonheur de

A 2

qui n'ont pas encore fait ce choix, & qui probablement n'ont été arrêtés que par l'incertitude des événemens, qui peut-être n'attendent que l'organiſation définitive de la force militaire, mais qui ne refuſeront pas de ſe rendre à votre vœu dès qu'il leur ſera connu. Il nous eſt bien doux, Meſſieurs, de vous aſſurer, qu'au moment même où les biens du clergé ont été décrétés appartenir à la nation, & où l'eſpérance des récompenſes s'eſt preſque évanouie, pluſieurs eccléſiaſtiques ſéculiers & réguliers ſe ſont empreſſés d'accepter ces places honorables, ſans autres vues que de répondre à la confiance de leurs concitoyens, & de contribuer gratuitement de leurs travaux au bien général. Nous ne pouvons douter que le même zele & que le même déſintéreſſement ne ſe manifeſtent dans ceux qui ſeront appelés à remplir les fonctions d'aumôniers auprès des bataillons qui n'ont pas encore à cet égard émis leur vœu. Mais ce que je crois important, Meſſieurs, ce qui tient peut-être plus qu'on ne le penſe à l'ordre public, c'eſt que ces actes de nomination reçoivent leur ſanction de M. le Maire & de M. le Commandant général, & qu'ils ſoient convertis en brevets, ainſi que tous les actes de nomination d'officiers dans les Com-

pagnies foldées & non foldées. Par-là ces places deviendront plus certaines, elles flatteront d'avantage les bataillons qui feront intéreffés à y nommer des eccléfiaftiques recommandables par leurs vertus, & exciteront une noble émulation parmi ceux qui y feront appelés, parce que leurs talens feront plus liés à l'intérêt commun, & qu'ils feront plus affurés d'être foutenus dans l'exercice des pénibles fonctions de leur miniftere. Alors, Meffieurs, ceux qui viendront après moi, les premiers entre leurs égaux, jouiront du privilége bien flatteur d'appuyer les fervices des 60 aumôniers de bataillon auprès des deux chefs de la municipalité, qui, à leur tour, fe feront un devoir de les recommander aux fupérieurs eccléfiaftiques, afin de leur obtenir la confidération & les récompenfes dues aux travaux utiles.

Vous ferez encore plus convaincus, Meffieurs, de la néceffité de fixer un aumônier auprès de chacun des 60 bataillons, lorfque vous vous rappelerez que les ordonnances militaires s'occupent des foins fpirituels que l'on doit aux foldats de la patrie ; que le régiment des Gardes Françoifes, pour lequel M. le maréchal de Biron a fait tout ce qu'on a droit d'attendre d'un grand général & d'un citoyen

A 4

vertueux, s'affembloit tous les ans, à l'approche de la Pâque, dans un des plus vaftes temples de la capitale, pour y recevoir les inftructions convenables à ce faint temps ; & que ce feroit manquer à un de mes devoirs les plus facrés, fi je négligeois de vous expofer combien il eft inftant de ramener aux principes des bonnes mœurs & aux fentimens de la religion tant de citoyens, dans ces jours où le calme & la tranquillité des événemens nous permettent de nous livrer.

J'avois d'abord penfé qu'il feroit bon de raffembler les dix compagnies du centre des bataillons de chaque divifion dans la principale Eglife de leur divifion. Je voyois, dans l'exécution de cette idée, quelque chofe de plus impofant, de plus majeftueux & de plus fait pour contribuer à l'édification publique ; cependant j'y ai trouvé un grand inconvénient. On ne pourroit, en effet, raffembler ainfi que les dix compagnies du centre, & cependant, MM., n'avons-nous pas tout lieu d'efpérer que, dans les autres compagnies, il eft une foule de citoyens qui fe feront un honneur d'affifter à ces fortes d'inftructions, avec ceux avec lefquels ils partagent journellement la défenfe de la caufe commune, & d'unir cet exemple religieux à tant d'autres de zele & de patriotifme qu'ils ont donnés aux compagnies foldées ? Alors ces affemblées deviendroient trop nombreufes, & ce feroit amener le trouble & la confufion dans un acte auquel doivent préfider la piété, le filence & le recueillement.

Cette réflexion m'avoit décidé à vous propofer de féparer les bataillons de chaque divifion en deux ou trois, & de les raffembler dans le temple le plus vafte & le plus commode des bataillons ainfi réunis. Mais j'y ai trouvé encore un inconvénient, en ce qu'il pourroit être difficile de fixer un jour qui pût également convenir à plufieurs bataillons, à caufe des gardes nombreufes & multipliées qu'exigent le château des Tuileries, le palais du Luxembourg, l'Hôtel-de-Ville, le Châtelet, ou que pourroit commander fur-le-champ quelqu'événement extraordinaire, & tel que nous n'en avons été que trop fouvent les témoins. J'ai donc été forcé d'abandonner ce projet, beaucoup plus favorable fous une infinité de rapports, & de le renvoyer à des temps plus heureux, lorfque l'ordre & le calme feront entiérement établis dans toutes les claffes de la fociété, & qu'une organifation certaine de la force militaire nous permettra d'y donner toute l'étendue dont il eft fufceptible.

Je penfe donc, Meffieurs, que nous pour-

rions nous borner , pour cette année , à engager MM. les Commandant de bataillon de raffembler leur compagnie du centre dans le temple
le plus convenable de leur diftrict , d'inviter les
citoyens des quatre autres compagnies à s'y
trouver , & là de leur faire faire quelques inftructions relatives au faint temps où nous fom-
mes , foit par l'Aumônier du bataillon , s'il y en
a un de nommé , foit par tout autre Eccléfiaftique
approuvé , & de l'agrément de MM. les Curés ,
dans les Églifes paroiffiales, defquels nous defire-
rions fur-tout que fe fiffent ces affemblées , fi pro-
pres à contribuer à l'édification publique. C'eft
une jouiffance bien douce pour nous , Meffieurs,
de vous apprendre que plufieurs de MM. les Curés
fe propofent de remplir eux-mêmes cette fonc-
tion fi digne d'un Corps qui, dans tous les
temps, s'eft diftingué par fon zele & par fa
charité ; & qui , dans la révolution préfente , a
donné tant de preuves de fon patriotifme. J'ai
plufieurs fois , dans des difcours & des écrits
publics, & dans des temps moins libres, payé
à MM. les Curés de Paris , le tribut d'éloges que
leur doit la fociété ; c'eft aujourd'hui avec autant de fincérité , & peut-être avec plus d'avantage,que je me fais un devoir de rendre juftice à

leurs vertus dans l'affemblée de l'élite de mes concitoyens.

Voici donc, Meffieurs, à quoi je réduis la motion que j'ai l'honneur de vous préfenter, en vous affurant que je n'ai d'autre defir que de faire le bien dont vous m'avez, par votre choix & par vos exemples, indiqué la route. Dans tous mes travaux, & comme Eccléfiafti-que, & comme Membre d'un Tribunal auquel l'Affemblée Nationale, & vous, Meffieurs, accordez votre eftime, je n'ai jamais ambitionné d'autre récompenfe que les fuffrages de mes concitoyens, & c'eft celle que je me fens au-jourd'hui bien, plus que jamais, le courage d'am-bitionner uniquement.

Je demande, Meffieurs, 1°. que vous m'auto-rifiez à écrire à MM. les Commandans de ba-taillon & à MM. les Préfidens des Diftricts, à l'effet de les engager à faire nommer, le plutôt poffible, un Eccléfiaftique, chargé de remplir les fonctions d'Aumônier auprès de leur batail-lon, & de me faire parvenir l'acte authentique de cette nomination, pour être par moi remis à M. Poirey, Secrétaire - général, afin qu'ils foient convertis en brévets, ainfi que les actes d'élection & de nomination des autres Officiers des bataillons.

2°. Que vous m'autorisiez également à écrire à MM. les Commandans de bataillon, pour les engager à raffembler leur compagnie du centre, pendant le Carême, dans le Temple le plus convenable, &, s'il fe peut, dans la Paroiffe de leur bataillon, pour y affifter aux inftruétions publiques qui y feront faites, foit par l'Aumônier du bataillon, foit par tout autre Eccléfiaftique approuvé & de l'agrément de MM. les Curés ; en obfervant toutefois d'en avertir, & d'inviter les Officiers & Soldats citoyens des quatre autres compagnies de s'y trouver, autant que leurs affaires le leur permettront.

COMITÉ MILITAIRE

DE L'HOTEL-DE-VILLE,

féant au Palais-Cardinal.

Extrait des Délibérations du 26 Février 1790.

Le Comité Militaire, édifié de la démarche faite auprès de lui par M. l'Abbé de St Martin, Aumônier général de l'Armée Parifienne, qui lui a rendu compte du projet confenti par le Général, d'engager les 60 Diftriéts à fe nommer chacun un Aumônier, à l'effet d'instruire leurs Compagnies du centre respective des vérités de la Religion, & les engager à en remplir les devoirs indispensables, a arrêté d'envoyer à MM. de la Commune une députation chargée de leur présenter son vœu, persuadé qu'est le Comité Militaire, que MM. de la Commune reconnoissent ces deux vérités, qu'il n'y a pas de loi ni de discipline sans mœurs, & point de mœurs sans religion : en conséquence MM. Croullebois & Varin ont été nommés par le Comité Militaire pour appuyer la motion de M. de Saint-Martin, & inviter les 60 Districts à se nommer, au plutôt, un Aumônier, pour remplir les fonctions importantes dont on vient de parler.

Fait & arrêté au Comité Militaire le 26 Février 1790.

MANDAT, Vice-Président.

CHERON DE LA BRUYERE, Secrétaire.

M. Mulot, Président de l'Assemblée, a répondu :

« M., rien de plus louable que la démarche » que vous venez faire auprès de l'Assemblée

» des Repréfentans de la Commune. Elle eft la
» preuve de votre zele & de votre amour pour
» la Religion. L'Affemblée ne peut qu'applaudir
» à vos vues. Adoptées d'avance, elles ont
» peut - être cependant befoin, en quelque
» partie, d'être mûrement péfées. Je vais con-
» fulter le vœu général ; mais foyez perfuadé
» qu'il fe rapprochera des plans fages & reli-
» gieux que vous lui foumettez ».

L'Affemblée a jugé qu'il étoit convenable de
divifer la queftion ; & après avoir délibéré fur la
premiere partie de la motion , elle l'a renvoyée
à l'examen du Comité des 24 Commiffaires nommés pour la formation du plan de Municipalité ,
lorfqu'il y fera traité de tout ce qui concerne la
Garde Nationale Parifienne.

L'Affemblée après avoir délibéré fur la fe-
conde partie de la motion a pris l'arrêté qui fuit.

ASSEMBLÉE
DES REPRÉSENTANS
DE LA COMMUNE DE PARIS.

Extrait des Délibérations du 26 Février 1790.

L'Affemblée adoptant la propofition faite par
M. l'Abbé de Saint-Martin , Aumônier général

de la Garde Nationale Parifienne, l'a autorifé à écrire à MM. les Commandans de Bataillon, pour les engager à raffembler leurs Compagnies du centre, pendant ce Carême, dans l'Eglife la plus convenable, & s'il fe peut, dans la Paroiffe où fe trouve le Bataillon, pour y affifter aux inftructions publiques qui y ferons faites par un Eccléfiaftique approuvé, & de l'agrément de MM. les Curés; en obfervant toutefois d'en avertir & d'inviter M^{rs}. les Citoyens Officiers & Soldats des autres Compagnies à s'y rendre, autant que leurs affaires le leur permettront.

MULOT, Préfident.

BROUSSONET, Secrétaire.

LETTRE
A MM. LES COMMANDANS
DE BATAILLONS.

MONSIEUR,

J'ai l'honneur de vous envoyer l'arrêté ci-joint des Répréfentans de la Commune. Perfuadée des fentimens de zèle, de patriotifme & de religion qui vous animent, elle m'a chargé de vous engager à veiller à ce qu'il fût donné à la Compagnie du centre, &, autant que faire fe pourra, aux quatre autres Compagnies de votre Batail-

lon , toutes les inſtructions relatives au temps
où nous nous. trouvons. Il ſeroit à déſirer ,
Monſieur , que ce fût dans l'Egliſe paroiſſiale de
votre Bataillon , à cauſe de l'édification qui en ré-
ſulteroit pour tous les citoyens de votre diſtrict.

Vous trouverez, ſans doute, Monſieur, auprès de MM. les Curés, toutes les diſpoſitions
favorables , pour vous ſeconder dans l'exécution
d'un acte religieux ſi propre à ranimer l'eſprit
des bonnes mœurs & les principes du plus pur
patriotiſme qui ne péut exiſter ſans le reſpect
& l'amour pour la Religion.

Je vous ſerai obligé, Monſieur, de vouloir
bien me prévenir des jours & des heures que
vous aurez choiſis , afin que je puiſſe m'y trouver, s'il m'eſt poſſible, & en rendre compte à
l'Aſſemblée de la Commune & à M. le Com-
mandant-Général.

J'ai l'honneur d'être ;

MONSIEUR,

> Votre très-humble & très-
> obéiſſant ſerviteur,
>
> L'Abbé DE SAINT-MARTIN ;
> Aumônier général de la Garde
> Nationale Pariſienne.

Veuve DESAINT, Imprimeur, rue de la Harpe ,
au-deſſus de l'Egliſe Saint-Côme, Nº 133.